UNA HORMIGA EN LA AGUJA DE UN RELOJ

Francisco Cejudo

COLECCIÓN IMAGINAL

UNA HORMIGA EN LA AGUJA DE UN RELOJ

© Francisco Cejudo Granado
© Cubierta: Toni Ortolá
© Prólogo: Dolors Alberola
© de esta edición: Olé Libros, 2025

ISBN: 979-13-87951-09-2
Depósito legal: V-3243-2025
Impreso en España

KALOSINI, S. L.
Grupo editorial olélibros
equipo@olelibros.com
www.olelibros.com

FRANCISCO CEJUDO

Francisco Cejudo nace en Herrera (Sevilla) y es licenciado en Pedagogía. Realiza estudios de postgrado y máster en la Universidad Pontificia, profundizando en la poesía de postguerra a través de cursos de doctorado en Filología Hispánica.

Ha publicado los poemarios *Poemas de sombra y labios* (1992), *El navegar de los sueños* (1995), *Las horas veneradas* (1996), *Conjeturas sobre una noche* (1998), *La casa de los vientos* (2002), *Nunca sabré tu nombre* (2005), *Tierras prometidas* (2009), *Soliloquios y aforismos* (2012), *Brevedad de la luz* (2014), *Pez de fondo* (2016), *Anotaciones aforísticas* (2017), *Las estampas del tiempo* (2018), *Asuntos menores* (2021), *Lugar de residencia* (2021) y *Notaflorismos* (2023), este último finalista en los premios de la Crítica Literaria Valenciana. Asimismo, ha publicado varios monográficos con otros autores en obras del Ateneo Marítimo Blasco Ibáñez, la asociación cultural Vent de Progrés, la Casa de Andalucía en Denia, la asociación Poetes per la Cultura, etc., y en revistas como *Hora de poesía, Canfali, Estío, Poesía Por ejemplo, Gacetilla extremeña, Ánfora Nova, Cuadernos del Matemático, Piedra del Molino* o *El Faro de Ceuta*.

Ha sido jurado en diversos certámenes de poesía, conferenciante, colaborador, tertuliano y director de programas de radio, como *La Luz de la Palabra*, y presidente de la asociación Poetes per la Cultura en La Marina.

Es miembro de la Asociación Colegial de Escritores de España y de la ACE valenciana. Su obra tiene traducciones al inglés, catalán, italiano, rumano y francés y ha sido recogida en diversas antologías de poesía contemporánea.

UNA HORMIGA
EN LA AGUJA
DE UN RELOJ

PRÓLOGO

Poesía se escribe
con hache de hormiga

Quizás diseccionar la palabra y mezclar con recuerdos los fragmentos —sin triturar el pasado ni tocar las alforjas de la luz de la cría pequeña que ve el tiempo sin mirar y sin ojos— es urgente para obtener un amplio registro filosófico, un ente universal compuesto por las sílabas que, libérrimas, definen al poeta.

Qué existe en el hondo silábico del mundo. Qué fugaz estructura numérica conduce hasta la música del sueño. Qué eslabón intangible y mistérico anuda nuestras manos con el verbo. De dónde crece el dios de la palabra, el que borra las penas al dejarse escritas, el que nos resucita después de transformar el silencio en cantata.

Qué alimento precisa el poema para crecer poema sino una inyección de verdad filosófica y un regusto de fruto ya maduro y una tenacidad y aplomo.

Qué bebe la poesía sino ese brebaje resultante de componer, de nuevo, la doliente ceniza de las voces pasadas. Un líquido teñido de novísima y firme cobertura. Una vasija siempre con etiqueta y firma del que le da su agua.

Tal vez, atravesar países de títulos y nombres —sin pagarles peaje a los que hicieron su camino al andar, sin frontera, sin límite, desnudas nuestras almas, sosegadas las noches del delirio y hambrientos de luz, de libertad, de brutal libertad, de pronunciar lo dicho sin que nunca nos suene a lo pasado, de herir toda frontera de la luz— sea el solo vehículo donde montar con éxito a la insigne meretriz que nos gobierna, a la dama desnuda que se deja palpar en nuestras manos, a la loca dichosa que abrillanta y convierte nuestra materia gris en universo y grito, en brillante puñal, en un final *non serviam* al canon repetitivo, a la escritura lacerante, que tantas veces bulle en perolas infames que ensucian azulejos y pringan de aridez la mal llamada poesía, tantas veces manchada esa palabra, como en un larguísimo fogón de tren antiguo —porque *atávico* suena mejor que toda ella—.

Hay tanto mal enhiesto en el vocablo, tanta mentira alzada en los podios del pánico, tanta y tanta y tanta insensatez valorada en los libros. Vale más un solo árbol, con su túnica verde creciendo en la campiña, que ese millón de objetos que solamente son la muerte de ese árbol.

Por eso llego aquí, a este libro que muestra en qué espacio pequeño anida la verdad; cómo el ágil poeta descompone la rosa del sonido y cada rosa calla, dejada en el papel, y se une a otra rosa y a otra más y a otra rosa después, en una sucesión tan infinita como el número áureo, hasta dejar un cauce de poemas, bien labrados, serenos, filosóficos, cultos, poemas que atraviesan desde la mente al sexo, del misticismo al erotismo, de una medida a otra, siempre siendo campana, voltear, melodía. Poemas que reinventan su música, son libres para romper el *tédico* prejuicio, para volar *per se* por paisajes ignotos —conocidos aún antes de estas sombras de la vida—, que son vida y palabra, son voz en su aparente mutismo de papel, resurrección *cautérica* de la herida, perdón ante los ojos de la luz, *resanación* de tanta muerte cometida por tantos. Gloria, al fin, triunfo vocal y consonante del paseo en el tiempo de esa hormiga sencilla y alarmante que, después de girar en las agujas del reloj, se ha volcado en poesía en la mano del poeta.

Un libro necesario este *Una hormiga en la aguja de un reloj* para entender con brevedad y sencillez aparente lo que es la única poesía.

Dolors Alberola

I
INTROITO

La luz ilumina al artista..., la vanidad también.
Francisco Cejudo, *Notaflorismos III*

I

SIN toque anunciador aparece,
e inerme, deambula la hormiga.
A veces se para, frota sus patitas,
que lame, y alza la cabeza
celebrando su suerte.
Otras, con resignada constancia
su figura renueva.
Todo, sobre la fina aguja
del reloj que la porta.

2

DE otrofagia murió el artista.
Henchido como un globo
subió a su parnaso de esparto
con su chaqué de aplausos
y su bombín de halagos.

II
COMO VERBO Y PÁJARO

Yo buscaba palabras
parecidas
a la mirada quieta del dios sobre la plaza.

BENJAMÍN PRADO

I

CONDICIÓN de pájaro traen estos signos.
Del nido su calor, del volar su grandeza.
Es vocación de la palabra conjugar el tiempo...,
descifrar sus pasos.

2

LA arcilla solo es sueño
que bajo el delirio de un soplo
se erigió volcán,
lava con su lengua dominante.

3

BABEA la lengua cristalina de *Youtube*,
crepitan sus ojos cristalinos;
chispea la sagrada ascua de *Instagram*.
El viento siembra sus ondas,
semilla fugaz desde un satélite.
La mano del erguido sigue su rastro
y como buen acólito
venera en su pequeña hornacina
la santidad de la *influencer*.

4

QUÉ palabras usaré
cuando te hable.
Si son ellas
quienes firmes
se lanzarán sobre mí.
Amanecerá y todo Wernicke
y todo Broca a su antojo.
Nada ni nadie contra ellas podrá.
Amanecerá
y, al despertar, qué diré,
qué podré decir,
qué palabras usaré,
—dueñas ellas—,
a su indulgencia abogo,
por los años compartidos,
por la amistad, quizá contraída,
y me dejen
como mío
algo propio que decir.

5

Leyendo a Mila Villanueva

SE esconde el dibujo de tu sombra
bajo el escudo de tu voz y tu decir.
¿Algún mal obrar del tiempo se dará
que contradiga y anule
esta fértil unión de su existencia?

6

La palabra es la vestidura del pensamiento.
SAMUEL BUTLER

PERDIDAS en su caos
de lejanías y certezas,
ellas.
Su cuerpo de grafiti
impregna con sus signos
mi masa gris.
Dejando mensajes,
vistosidad y sentido
a la oquedad de sus paredes.

7

PUSE fe en el reino de la palabra.
Desterrado *de facto*,
príncipe incauto.
Hoy, me hallo en súplica
y con vacua destreza
utilizo sus formas
para volver a su reino.

8

TRAS mis sueños, onírico desfile de encuentros,
me escribo un *SIEMPRE* al despertar...
que enjuaga y pule la dudosa luz de la mañana
cuando muestra en su cara un *NUNCA* lapidario.

9

Al Club de los Poetas Vivos

OTRA vez la puerta de un libro
sin cerradura,
—una invocación—.
¿Quién habrá dentro?
Me dejo llevar —nariz de curioso—.
Allí, algo de mí, también había.

10

ÚLTIMAMENTE siento desapego
por aquellos signos
que en su franqueza huelen a miedo.
Así, olvido y despedida, olvido y distancia.
Olvido y frialdad, olvido e invierno.
Aunque, consciente de que ellos
me buscan, me buscan y me encuentran
en la crudeza de estas largas y desabridas noches.

II

NUNCA lo elegido es definitivo.
La garganta del mañana tiene su voz
y juega, como juega la palabra,
a lo que la imaginación en su vuelo,
torpe mariposa, quiere construir.

12

¿DE dónde nació esta vocación
de tomar prestado las palabras,
de conjugar la luz
como verbo irregular que no consigo?
¿De dónde, adverbio irreverente?
¡Déjenme en paz en esta hora,
interrogantes, preguntas del lugar!
Déjenme descansar en la almohada sin vocales,
en las sábanas vírgenes de esta noche,
en la tibia oscuridad concupiscente...

¡Déjenme!

13

ALGÚN dios pondría la voz y su verdad,
alguno, cohesión, al enigma de los signos,
al dédalo de su engranaje.
Alguno hubo que de niño
jugaría con sus formas,
formas claras de letras y sílabas,
como puzle, del lenguaje y su sentido.

14

A veces, sin juicio previo,
al dictado voy, ellas mandan.
Rigen y gobiernan a través
de este ventrílocuo travestido
que de su festín,
como invitado, participa.

15

SOLO, llegó el amanecer.
Sola el alba en su retadora luz.
Me invita en su mudez y
de mi bolsa de palabras
saco algunas que
con un golpe de magia le dan voz.
Una puerta se abre y,
tras ella, la calle que me lleva,
un árbol y un coche que circula,
ventana enfrente, mi vecino Juan.
Al compás andan luz y voz,
el foco y la palabra que
los hace y los nombra.
Todo un mundo se alza,
se va elevando sobre la nada oscura
de la noche que muere.

16

DE cuándo la verdad en los ojos,
de cuándo de los ojos a la boca,
sin sombra y sin pereza, la verdad.
¿De cuándo el pájaro y el signo
es pájaro y es signo y no deseo?
De cuándo tú, figura en cada voz
—frase iluminada—,
levantada sobre un árbol de sueños,
eres tú y no sueños.

De cuándo.

EN el arriate,
junto a rosales y verdolagas,
florecen pudorosas palabras...,
las veo, las escucho, las siento.
El cuidado de mis manos,
como el desnudo descanso de la noche
parece, les sienta bien.
Yo les pongo música,
les hablo y las riego, a veces.
Ellas, también a veces,
me devuelven su grandeza
floridas y agrupadas
formando lineales versos.

18

A Blas Muñoz

VIERTO la mirada sobre sus tumbas
—cenotafio con inscripciones al costado—.
Extiendo la mano a modo de Jesús
sobre cualquier Lázaro que espera.
Algunos, en criptas intocables,
otros apilados, sin más distinción.
Necrópolis de sueños olvidados...
Como venerados cementerios
están las bibliotecas.

19

SI la voz interior fuera audible
¿qué murmullo oiría el paseante?
Las calles se harían insoportables con su gritar.
Enrarecido el aire, más lleno, irrespirable,
y las verdades, entremezclas en sus raíces y signos,
aún más difíciles de discernir entre el follaje.

20

SIN previo aviso,
en horas intempestivas,
las palabras empiezan a cantar,
—sonatina que requiere esfuerzo—.
Más del oído ausente que
de la claridad de su voz.

III
RENDIJAS Y OQUEDADES

Qué oscuro el borde de la luz
donde ya nada
reaparece.
José Ángel Valente

I

PASEA la cometa al niño,
gira en su propósito sin rumbo.
Voltea la duda al hombre,
le acerca la nube,
le asalta la sien.
Y también voltea su sangre
al compás del pálpito que le sostiene.

2

A Mari Ángeles Chavarría

EN el rosal se posa un jilguero;
canto alegre que oscuro se torna.
De su claro plumaje
una lágrima roja.

3

EL pan de oro es la imagen;
el sonido, señuelo que acompaña.
Rectángulo en mano
martillea al perro de Pávlov.
Salivera y salivera
—engancha su adicción—,
mientras, la pantalla
segrega su dosis de tramadol.

4

ALLÍ donde voy
nadie va.
Nadie ocupa mi lugar.
El aire en su hueco
y yo ocupando un sitio
en la hendidura de la nada.

5

PORQUE, a veces,
la noche es lo habitable,
la luz en su deflagración diaria
rompe mi idilio
con el cosmos y las estrellas.

6

UN soplo de lunas muertas
barre los hechos consumados.
La lluvia traerá pasión
para erigir nuevos actos.

7

A Félix Molina

¿HABRÁ un día, lo habrá, que
el vuelo de la verdad
alcance con sus garras
la carrera burda del lobo mentiroso?

8

Cruza las manos sobre la rodilla y mírame en silencio
en esta hora, cuando no puedo ver que tú me miras.
Mírame en silencio, y en secreto pregúntate
—tú que me conoces— quién soy yo.

FERNANDO PESSOA

FUERA de mí, quizá yo.
En el exterior quizá sea
donde mejor me encuentro.
En una esquina, en un banco,
en el agua de aquella fuente,
o en el rojo de la cándida buganvilla.
Fuera de mí,
            más cerca de todo.

9

NO en gramos ni en metros
se mide la conciencia.
Vapor de alma
se filtra en la textura
y no pretendas
en un táper guardarla.

10

¿PARA quiénes los espejos?
Los que hieren el presente
con colmillos del cristal.
Y nada saben, ni nada dicen
de cuando eran ellos los que
las primaveras nos vendían.

I I

DE las fuerzas,
la tenacidad del instinto.
Busca y labra,
organiza complejas fórmulas,
se adapta, rompe fronteras.
Empujando con golosas trampas
en permanecer se afana.
Todo, cuando las adversidades son tantas,
las noches son largas
y el exterminio acecha.

I 2

LA duda bajo palio.
La duda en su sombra.
La duda ante el espejo.
La duda más cierta.

La duda y su cuchilla
inunda la *pantalla*.
¡Oh, duda venerable!,
¿quién dudando duda
de su verdad intocable?

13

A Pedro José Moreno

HOY, un llanto permanente invade las horas.
Del mar salen espumosas lágrimas
que golpean el rudo pecho de las rocas.
No sé si le piden escucha,
si venganza o perdón.
Ya viniendo, sobre el camino,
un rocío leve, también parecía llorar
desangrando herido su alma frágil.
Y ahora, desde arriba, un oscuro llanto
se ha precipitado de este inclemente cielo.
No hay techumbre, ni paraguas que me cubra.
No es de extrañar que al llegar a casa
alguien esté escuchando a Chavela Vargas,
que a voz en grito derrame *La llorona*.

14

PORQUE siempre nos sostiene el recuerdo
deja en él tu semen fiero,
aquel que germine y preñe sus hechuras.
Oleaje en la memoria
que al amparo de los vientos
golpee siempre la figura del que viene.

15

EL fuego no es más que el incendio de la luz.
En las órbitas de sus ojos vamos, que se adentran
en lo íntimo de las cosas.
Alcanza su lengua el frágil rostro de la roca
y de ella hace clasto diminuto.
Ceniza del árbol y de sus hojas y
llama en la memoria, consume sus secretos.
A los pilares del amor
en etéreas columnas de humo transforma.
Desnudos e inermes ante su fuerza
levantemos altares, oraciones y súplicas,
y esperemos su benevolencia
en cada despertar de la mañana.

16

COMO criminal de guerra
en su bajeza ejecuto víctimas;
no sabría decir en este acto,
a punta de mano y golpe de lápiz,
cuántos cayeron.
De su silenciada lápida,
de su tumba blanca y plegada,
surgen gritos que
reclaman presencia y justicia.
La conciencia invoca memoria
—o viceversa—.
Y de un golpe seco
cierro la agenda

                y todas sus voces.

17

COMO resurrecciones,
renacer cada mañana...
de las cenizas conjuradas,
de mis muertes diarias.
Y qué grandeza bajo los párpados inmóviles,
esa fortaleza que levanta sus puertas.
Pabilo del dios que nos da luz y soplo
y sin esperar al tercer día
su milagro aparece.

18

CON camuflaje de Todo
irrumpe la Nada en el foro.
Declama con máscara divina
e incita al Coro, tú y yo, sus cantos.
Se acomoda e interpreta bien su papel.
Y ante un público entregado
—complacientes aplausos—
saluda y
        del traje se despoja.

19

EN mi pobreza

    extendí la mano

        a la amplitud del agua.

La lluvia, entonces,

    era un mar generoso,

quise beber en ella.

Sus olas venían del cielo

    en el asombro de mis ojos.

Y entre las llamas de mis dedos

    meñique, anular, corazón... de lengua,

su bondad escapaba.

Entonces comprendí

    que el mar del cielo

        también es engañoso.

20

DE Jano, la noche,
que me eleva en su pódium
y me distingue con su toga de lino.
En ella, una medalla,
con su cara y su cruz.

21

A Vicente Barberá

ASEPSIA general contra la desidia,
contra el odio y la envidia,
contra la insalubre jactancia,
contra la ambición desmedida,
contra el desamor asepsia diaria.
Asepsia, asepsia.

22

UN día soñé una figura
y fue creciendo.
El sueño no paraba
—perfección en las formas—.
Al alba, en su luz, la vi real.
Muchos fueron los amaneceres juntos,
yo le hablaba..., ella a mí también.
Las noches siguieron sus caminos
sujetas, siempre, a sus propósitos.
Nunca negué su verdad,
pero ella, cada día más yo,
se apoderó de mí.
Creo que ahora es ella
la que me sueña
que en algún instante
fui perdiendo fronteras
y el labio que creé
—en el piélago del sueño—
de mí se apoderó.

23

QUIZÁ nunca fuimos lo que creíamos ser.
Quizá nunca estuvimos donde pisamos.
Quizá el volar del tiempo,
con su túnica de sueños,
dibujó página en nuestra historia.
Quizá el soplar de viento
doblará esa página,
para que otro escrito, otra figura
ocupe su lugar, sueños nuevos
en mentes nuevas,
de alguien por nombrar.

24

A Magda Villarroya

¿CUÁNTO de incerteza trae la noche?
En su abanico de luces, negras sombras
golpean mi nuca.
En cada movimiento se dibuja lo efímero,
así, la figura de mi madre
en sus paredes claras y su voz de nácar;
o quizá tú, mi María Magdalena,
meretriz de mi escarcha y de mi frío;
la gata que parió cuando el campanario
tocaba a fuego —sonatina breve—;
aquel amigo del que perdí su nombre...
Cuánta incerteza trae la noche.
No hay gestos de aquellos que amaste
que su memoria no guarde
—y digo memoria como digo
almacén de ficciones—.
Vierte su caudal en desenfreno
este, un río inexistente,
aguas de todo lo que fue y ya no es.
Cabría preguntarse por lo veraz de su relato,
cuestionar la claridad de su luz
o quizá en ella todo sea falsa verdad.
Cuando de seguro —apenas ya—
solo las manos y el instante del que escribe.

25

RENDIJAS y oquedades
(desamor y desaliento)
por donde la humedad entra.
Por donde el tiempo se filtra,
se destiñen sus obras.
Por donde la piedra pierde su fuerza
y el mundo, en sus pilares,
se desmorona.

26

CORRIJO con mi móvil

                                        la postura del sol.

La noche se abarata

                             en su quehacer oscuro.

Una figura líquida

                 se despereza limpia y metálica.

En mi pantalla

             (panel de semidiós)

                                  la mañana última.

27

EL reloj sin tiempo
calma su furia gris
a base de golpes en el día.
La lealtad de la luz
cumplirá en su propuesta
rompiendo el vengativo gong
con certezas inesperadas.

28

NADA representa con certeza
el etéreo edén de la niñez.
Fotogramas en blanco y negro
cuelgan en las crines del tiempo.
Solo cabalga imborrable
la fiel misiva del gusto y del olfato.

29

¿CUÁNTO quiso el ayer de mí?...
Me despide con su blanca mano
en cada mañana.
Y a las puertas del día
—yo siempre párvulo escolar—,
solitario, me abandona.

30

Con tanta levedad, como es su olor,
cayeron dulcemente los jazmines.

FRANCISCO BRINES

SUPERADO el ardor que las primaveras causan,
el sudoroso hastío del verano...,
ante estos ya silencios de un corazón
al franco amparo de una mesa camilla,
ahora, me ausento con Chopin
y me exijo y me destilo mucho más.

31

EL tiempo se inscribe en la memoria,
la acuna, la levanta y le pone cuerda.
La razón, como dudoso juez,
valora sus actos.

32

EL pasado se conforma
con un falso túmulo.
Solo epitafios en forma de recuerdos
afloran en las mentes-lápidas
de futuros candidatos.

33

PRORRUMPEN los afanes del día
en el torrente de luz que los envuelve.
Alcánzame la espada de lo cierto
y que se abra la plica de mi lucha.

34

UN aire matriarcal
hoy me amamanta,
me da cobijo en la piel del momento
y me recuerda su textura,
hijo yo, del que fui,
secreción lenta del tiempo
                              y sus instantes.

35

ME acojo a aquello que por llegar está,
al constante guiño del ojo de la luz.
Invitación y camino es.
No reparo en las cenizas del ayer
y sigo buscando la verdad en lo pendiente.

36

A Rosa María Vilarroig

COMPRENDER por imaginar,
beber de lo etéreo del aire,
de los rasgos cóncavos de la piedra,
de la llama viva que te abrasa.
Asirse a ello y aprehenderlo
armonizando teselas
hasta que la luz diga basta
y un *okey* te sea dado.

37

POBRES ojos
—un afán que se pierde—.
Que todos sus anhelos,
bebedores de entornos,
tragaluz de sus figuras,
todo, se perderá en la nada.
Se diluirá en los instantes
y solo las sombras de los ayeres
poblarán su ansia.

38

Como después de un sueño,
no acertaría
a decir en qué instante sucedió.

JAIME GIL DE BIEDMA

CUANDO no existían los números
ni los relojes en sus horas,
los días eran un soñar de perpetuo juego.
De las alambradas, en ellos, supimos luego.
Así, de los relojes sus afiladas espadas
como de las cárceles que los números,
por el contar de sus filas, encierran.

39

A Loredana, a Paolo. Con la sua penna,
con il mio affetto, dall'altra costa.

Y no dudar, abrir el año,
sembrar el minuto de su espera
con el fértil grano de tu paso.
En cada tierra, andar despacio
amando los rostros de un cualquiera
y regar regando con tu esfuerzo, tu trabajo,
la extensa besana que el alba nos abriera.

[Primeros días de enero, 2025]

40

EL incendio de la nada
trae atracción en su llama.
Tanto, que convoca a incautas mariposas
como convierte en ceniza
la ingenua figura de un hombre.

III
PONER LOS LABIOS

Nondum amabam et amare amabam.

San Agustín

I

QUÉ enjambre usar para definir la *ausencia*.
Ese desalojo interior de cuando tú no estás.

2

BREVIARIO abierto, los ojos redoblan;
cabalga la fe en duda y desierto.
Frente a la hornacina
cardumen de plata,
multitud de alfileres
la joven derrama.

[Virgen de los Alfileritos, Toledo, 31.05.2010]

3

ALLÁ va la joven
como frasco de azúcar;
miel de caña,
brotes y yemas
sus arrogantes fresas.
En su envase de seda,
traslúcida piel,
una epidermis grabada,
con su código de barras
y su fecha de niebla.

4

EN aquel nido nos crecieron alas.
Fuertes y... juntos
para el alto volar de los sueños.

5

DE una convulsión surgió el amor,
seísmo sobre el relieve de la piel.
Hubo de esperar varias jornadas,
quizá muchas más,
para apaciguar tanta desdicha.
Al fin, volvió la razón,
como epicentro,
ante tanta espera... y su amenaza.

6

Restituye a tu mundo horror divino,
amiga Soledad, el pie sagrado,
que captiva lisonja es del poblado
en hierros breves pájaro ladino.

LUIS DE GÓNGORA

A pesar de sus desplantes,
de sus irascibles prontos,
quizá, con Soledad sea
con quien más intimidad encuentro.

7

ME pregunto por ti,
te preguntas por mí.
Banalidad en el recorrer del tiempo
siempre pasado
frente a la realidad que,
en futuro, tanto nos nombra
como raudo nos borra.

8

ESCALO por aquellas tus últimas palabras...
Con mi boca y la memoria,
hago gramática de unión
y reconstruyo con ahínco,
verso a beso,
la anatomía de tus labios.

9

CUANDO me dejaste,
yo, solidario, también
                    me dejé.
Huérfano desde entonces
                    con mano abierta espero
la generosidad de la lluvia.

10

Ven siempre, ven...
Ven, ven, amor mío...

VICENTE ALEIXANDRE

REPETIRSE en el tacto,
ese temporal afán
de un hambre que se prodiga
en los bajos fondos del instinto.

II

AGUDIZO el paladar
sobre el fino hojaldre
de unos labios recordados.
Roja amapola
en el sangrante erial
de la siempre apócrifa memoria.

12

... lo que valen son tus brazos
cuando de noche me abrazan.

FEDERICO GARCÍA LORCA

¿DE la dudosa salud de los ojos nace el amor?
—engañoso acto de la luz—.
¿Pero acaso la ceguera da tranquilidad al alma?
Déjame volar sobre tu cuerpo en este claro de luna.
Poner piel a la piel, sin más;
hacer volar las almas en rasante vuelo
bajo el solo control del tacto...

                      y todos sus volcanes.

13

EL filo del recuerdo
corta el sueño de mi noche.
Y entre ambos lados de su río
el barquero de tu cuerpo
trata de mediar y, complaciente,
me pone a salvo en su mansa orilla.

14

ALLÁ abajo, en su justo vértice,
luminoso eclipse lunar
donde confluyen,
como en un delta,
río, futuro y sueño.

15

OTEO un horizonte lejano.
Un cómputo de sábanas
como un río derramado
sobre la verde ribera de unos cuerpos.

La lejanía exige memoria
y no encuentra manera
de otear oasis
en este agreste desierto levantado.

16

QUISIERA desnudarme solo para ti.
Y afrontar, como junquillo deshojado,
tus envistes frescos...

de cualquier abril.

17

QUIZÁ el amanecer solo sea
un invento de tus labios
cuando en forma de amapola
        me besa y pone roja luz
            a mis horas más tempranas.

18

CONOCÍ la textura del rocío
al sentir el libar de tus labios.
Y de la lluvia supe,
entre tus besos,
sus pétalos mojados.

19

COMO gota de rocío

        mi corazón

               en la hoja de tus labios.

               Como vapor de agua

       mi lluvia

sobre tu cuerpo.

20

MIRO pasar el reloj,
el cortado sangrante de su paso,
la cicatriz que su lanza deja.
Solo salva el momento, si se acerca,
el aroma bicolor de la lantana
y el junco cimbreante de tu cuerpo.

21

BUSCO tu boca en mis palabras,
la senda de lo verde en el camino,
aquellos, los signos perdidos
—extraviarme fue fácil para mí—.
Dime algo en la distancia,
destello de luz, faro,
en el dédalo de mi noche.

22

COMO actores clandestinos
frente a aquella gran pantalla,
a cubierto por butaca de frontera
y el sopor del verano (no los focos),
fuimos actuando.
Sin director, seguimos el guion
que culminó después de una
parvularia forma de tocarnos
en una escena plena de tentativas.
Y al fin un beso, a cuatro labios,
que hizo gritar al público...
al compás de un «The End» en la pared.

23

A veces se conjugan
y de la mano van:
mis ojos nocturnos
y tus labios insomnes.

24

EN el banco del parque,
allí, donde conversábamos.
O en la vieja mesa
para descifrar silencios
—crucigramas de signos invisibles—.
Allí, en la misma alcoba
donde cultivamos
raros ejercicios del gemir.
Allí,
allí y ahora,
sin previo aviso,
suplantadora ingrata,
tú, soledad,
con silencios de aguja,
reescribes la historia...
Vete,
vete, deja intacta su figura
y no manches con tu
apócrifa palabra su memoria.

25

QUIZÁ la ausencia tenga algo de enjambre
con su ruido de fondo y revoleteo constante.
Quizá yo, el árbol que lo sostiene,
quizá tú, jardín que lo alimenta.

26

ABRIL es esmeralda, una invocación.
Desde su portal de luz va mi llamada...
«Engárzate, preciosa gema,
al vuelo de mi cuerpo y
juntos labremos el instante
gozando el misterio de la unión».

MANOJITO de lumbre sus ascuas encienden,
puñaditos de viento tienta la noche.
Sortean la suerte amantes prohibidos,
besanas de besos siembran sus labios
mientras el alba descubre sus cuerpos desnudos.

28

ALGUNA tarde, de triste y olvidada,
emerge en su candor
aquello que en algún troje de la memoria
ella misma, en su afán de Diógenes, guardó.
No le culpo porque a veces me los trae
como perro servidor en forma de trofeos.
Pero esta tarde, tan triste como gris,
me lo ofrece en holograma y le pone voz,
la misma voz de una trasnochada tarde
que con las mismas palabras me dice:
«Te tengo que dejar, cariño; lo siento...
No estamos hechos el uno para el otro».

29

NO, no seré yo quien se te oponga
a decorar tu hombro con mi nombre;
contrariar tu voluntad,
si ya la mía fue depuesta
cuando más adentro de mis labios,
en la víscera de la memoria,
el tuyo, tu nombre,
perdura con su lanza;
imborrable ya con su tinta roja.

30

HOY, como siempre,
todo amor vale.
Amor con amor,
transgénero o transgénico.

3 I

AMANECE.
Con qué alegría
se desperezan mis sueños
cuando al despertar
te invado
ocupando
parte de tu cuerpo
y tu almohada.

32

LA piel es un temblor,
nos arrastra en su delirio
a un éxtasis convenido.
La fusta la controla el instinto
que lanza sus caballos
al mismo límite de la epidermis.
Y allí, justo allí, desbocados,
relinchan, babean y a veces
alcanzan sus propósitos.

33

JUNTO a ti,
      en esa desposesión gozosa,
            el todo era mío.

34

CON el velo de la noche
blanca sábana,   rostro gris.
En recuerdo paso sus horas
contigo...   y sin mí.

35

EN la azotea, cerca del cielo.
En la azotea, nuestro primer beso.
En la azotea, muy cerca del cielo.

V
EPÍLOGO

Deberíamos hacer algo que no fuera morir.

FRANCISCA AGUIRRE

I

A Dolors Alberola

¿MORIR es un antojo antiguo,
un desequilibrio en la dieta?

¿Como un capricho a las doce
o un té a destiempo?

Pones en solfa los pulmones,
la cara formal, como de muerto,
y de un susto a huir tu corazón.

Luego, ya más largo que ancho,
reptando y sin abrigo,
te quitas también
esos 21 gramos que te sobran.

ÍNDICE

Prólogo 9

I. Introito [1-2] 13
II. Como verbo y pájaro [1-20] 17
III. Rendijas y oquedades [1-40] 39
IV. Poner los labios [1-35] 81

V. Epílogo 119